BEI GRIN MACHT SICH IHR WISSEN BEZAHLT

- Wir veröffentlichen Ihre Hausarbeit, Bachelor- und Masterarbeit

- Ihr eigenes eBook und Buch - weltweit in allen wichtigen Shops

- Verdienen Sie an jedem Verkauf

Jetzt bei www.GRIN.com hochladen und kostenlos publizieren

Kollektive Attribution von Cyberangriffen. Eine Analyse des Falles NotPetya

Johannes Bächle

Bibliografische Information der Deutschen Nationalbibliothek:

Die Deutsche Nationalbibliothek verzeichnet diese Publikation in der Deutschen Nationalbibliografie; detaillierte bibliografische Daten sind im Internet über http://dnb.d-nb.de abrufbar.

ISBN: 9783346846303
Dieses Buch ist auch als E-Book erhältlich.

Druck und Bindung: Books on Demand GmbH, Norderstedt Germany
Gedruckt auf säurefreiem Papier aus verantwortungsvollen Quellen

Das vorliegende Werk wurde sorgfältig erarbeitet. Dennoch übernehmen Autoren und Verlag für die Richtigkeit von Angaben, Hinweisen, Links und Ratschlägen sowie eventuelle Druckfehler keine Haftung.

Das Buch bei GRIN: https://www.grin.com/document/1340547

Inhaltsverzeichnis

1. Einleitung 1

2. Theoretische Grundlagen 2

    2.1. Cyberraum 2

    2.2. Cyberangriff 3

    2.3. Attribution im Cyberraum 3

    2.4. Kollektive Attribution 5

3. Theoretisches Argument 6

4. Forschungsdesign 7

    4.1 Methode 8

    4.2 Fallauswahl 8

5. Empirische Analyse 9

    5.1 Operationalisierung des Kausalmechanismus 9

    5.2 Analyse des Kausalmechanismus 10

    5.3 Schlussfolgerungen 14

6. Fazit 14

7. Literaturverzeichnis 16

    7.1 Primärliteratur 16

    7.2 Sekundärliteratur 17

1. Einleitung

Seit Jahren nimmt die Anzahl und die Intensität der Angriffe im Cyberraum immer weiter zu. Für betroffene Staaten wächst somit der Handlungsdruck immer weiter an (Benediek & Schulze 2021: 8). Bevor jedoch Konsequenzen gezogen werden können, steht vor allem die Zuweisung von Verantwortung, sprich die Attribution der Attacke, im Mittelpunkt des Geschehens. Hierbei kommt es nicht zuletzt immer wieder zu Akten kollektiver Attribution. Diese steigern nicht nur die Qualität der Verantwortungszuweisung (Rid & Buchanan 2015: 12), sondern auch die öffentlich wahrgenommene Legitimität dieser (Benediek & Schulze 2021: 11f).

In der Literatur wird das Zustandekommen solcher Akte kollektiver Attribution nur geringfügig beleuchtet. So stellen zwar mehrere Autoren fest, dass eine koordinierte Zuweisung von Verantwortung die Qualität und Wirksamkeit der Attribution erhöhen (vgl. Mueller et al. 2019; Rid & Buchanan 2015; Saalbach 2019), doch die dahinterstehenden Mechanismen kollektiver Attribution werden, bis auf den Fall der Kooperation unter Geheimdiensten wie den Five Eyes (Saalbach 2019) und dem Versuch der Europäischen Union, die Aktivitäten ihrer Mitgliedstaaten in diesem Feld zu ordnen (Ivan 2019; Benediek & Schulze 2021), kaum betrachtet.

Diese Arbeit nimmt daher den Zusammenhang zwischen Cyberangriffen, ihrer Intensität und dem Zustandekommen kollektiver Attribution in den Fokus. Es wird im Folgenden argumentiert, dass es vor allem technische Attributionsprobleme sind, die durch kollektive Attribution kompensiert werden können und so die Wahrscheinlichkeit dieser erhöhen. Dieser Kausalmechanismus soll anhand des Falles von NotPetya aus dem Jahr 2017 näher untersucht werden. Die diese Arbeit anleitende Forschungsfrage lautet dementsprechend: Inwiefern sind Akte kollektiver Attribution befreundeter Staaten als Reaktion in der Folge schwere Angriffe im Cyberraum, wie im Falle von NotPetya, auf das Auftreten technischer Attributionsprobleme zurückzuführen?

Zur Umsetzung dieses Forschungsvorhabens, wird zunächst das soeben kurz skizzierte theoretische Argument hergeleitet. Anschließend wird die zur Analyse ausgewählte Methode sowie die Fallauswahl vorgestellt. Diese wird im Rahmen der darauffolgenden empirischen Analyse umgesetzt. Abschließend folgt eine Diskussion der Ergebnisse sowie ein Fazit.

2. Theoretische Grundlagen

In diesem Abschnitt sollen die wesentlichen Begriffe der Theorie konzeptualisiert werden, um so später ausgehend von der Fallauswahl Implikationen abzuleiten. Im Anschluss daran wird das theoretische Argument formuliert und dargestellt.

2.1. Cyberraum

Der Begriff des Cyberraums ist nicht eindeutig zu definieren. Eine dennoch recht simple Definition liefern Singer und Friedman (2014: 13): Sie beschreiben den Cyberraum als den Bereich der Computernetzwerke, in dem Informationen gespeichert, ausgetauscht und digital kommuniziert werden. Zentraler Bestandteil sind zudem die Anwender, die diese Netzwerke für sich nutzbar machen. Mehrere Charaktereigenschaften, die sich aus dieser Definition ableiten lassen, machen den Cyberraum dabei besonders: Zentral ist vor allem der Umstand, dass es sich beim Cyberraum sowohl um eine digitale Informationsumgebung handelt, die allerdings zeitgleich auf einer physischen Infrastruktur aufbaut. Der Cyberraum ist somit nicht rein virtuell. Durch den Nutzer des digitalen Raums erhält der Cyberraum zudem eine zusätzliche kognitive Ebene (Singer & Friedman 2014: 13f). Aus diesem Umstand folgt auch, dass der Cyberraum nicht staatenlos ist. Die Gebundenheit des Cyberraum an eine geographisch verortete physische Infrastruktur sowie die dazugehörigen Nutzer ermöglichen eine räumliche Betrachtung des digitalen Raums (Singer & Friedman 2014: 14). Aus einer technischen Perspektive bedeutet das, dass jeder physische Computer als Kommunikationsteilnehmer über eine sogenannte IP (Internet Protocol) Adresse verfügt. Diese ermöglicht seinem eigentlich Zweck nach eine eindeutige Zuordnung im Konstrukt „Internet". Dieses Konstrukt aus Netzwerken ist zentralisiert und streng hierarchisch organisiert. Die Kommunikation des einzelnen Kommunikationsteilnehmers wird mittels des Netzwerksystems über zentrale Server weiter bis an sein Ziel transferiert (Saalbach 2019: 282f). Auch deshalb spricht man bei diesem Konstrukt vom „Netzwerk der Netzwerke" (Harnisch & Zettl 2020: 100). Dabei kommt diesem menschengemachten Raum eine wachsende Bedeutung zu: Diese lässt sich unter anderem dadurch verdeutlich, dass der digitale Raum mittlerweile weite Teile der kritischen Infrastruktur miteinbindet. Sowohl das Bankensystem als auch die Energieversorgung sind in dieser Struktur fest integriert (Singer & Friedman 2014: 15).

2.2. Cyberangriff

Der Cyberraum bietet somit zeitgleich eine geeignete Möglichkeit für potenzielle Angreifer sich seiner Struktur nutzbar zu machen und auf diesem Wege Ziele zu attackieren. Der sich daraus ableitende Begriff des Cyberangriffs ist nicht weniger umstritten als der Begriff des Cyberraums zuvor. Laut Petersen (2020: 27) handelt es sich bei einem solchen Angriff um eine „offensive oder defensive Operation […], die mittels eines Computernetzwerkes durchgeführt wird". Zum Ziel hat eine solche Operation beispielsweise „physischen Schaden […] zu verursachen, oder durch eine Datenbeschädigung […] die Funktionsfähigkeit eines Computernetzwerks […] zu beeinträchtigen" (ebd.). Vereinfacht gesprochen, dringt der Angreifer ungewollt mittels einer Schadsoftware in ein digitales Zielgerät ein, um auf dem betroffenen Gerät eine von ihm gewünschte Aktion auszuführen. Dazu kommuniziert das angreifende Gerät mit dem Zielgerät. Die Angriffsarten und die darauffolgende Art und Dauer der Kommunikation zwischen den Geräten unterscheiden sich teils erheblich, je nach Aktion und Ziel des Angriffs (Saalbach 2019: 280f). Durch die Struktur des Cyberraums ist es den Angreifern dabei möglich auf verschiedenen Wegen unerkannt zu bleiben. In sämtlichen Fällen ist die Quelle des Cyberangriffs. beziehungsweise die IP-Adresse des Angreifers als Möglichkeit der Identifizierung. nicht ohne Weiteres ermittelbar (Harnisch & Zettl 2020: 100). Grundsätzlich gilt jedoch: Je länger und intensiver ein Angriff, desto wahrscheinlicher ist auch seine Entdeckung (Saalbach 2019: 283).

2.3. Attribution im Cyberraum

Unter anderem die Möglichkeiten der technischen Verschleierung erschweren die Suche nach der Antwort auf die zentrale Frage der Attribution: Wer war es? Denn unter Attribution versteht man den „Prozess, in dessen Verlauf die Verantwortung für einen Cyberangriff einem Akteur zugeschrieben wird" (Benediek & Schulze 2021: 11). Dieser Akt der Zuschreibung von Verantwortung kann dabei sowohl öffentlich, durch eine mediale Bloßstellung des Angreifers, als auch nicht-öffentlich, durch eine bilaterale Attribution auf diplomatischem Wege, geschehen (Benediek & Schulze 2021: 8). Ziel der Attribution ist es dabei in erster Linie den Angreifer von weiteren Attacken abzuschrecken. Das sogenannte „naming and shaming" spielt dabei eine zentrale Rolle (Benediek & Schulze 2021: 11). Zudem soll der Angreifer, dem Ideal nach, in der Folge der Attribution zur Rechenschaft gezogen werden (Kuerbis et al. 2022: 221). Die Art und Weise der Attribution kann dabei sehr unterschiedlich ausgestaltet sein. Grundsätzlich ist festzustellen, dass es keine allgemein geteilten Attributionsstandards gibt (Harnisch & Zettl 2020: 100). Dennoch lässt sich die „Politik der Attribution" (Benediek & Schulze 2021: 11) dreiteilen: Zunächst erfolgt eine technische Zuordnung des Angriffs, die eine politische und letztlich auch rechtliche Attribution ermöglichen kann. Die technische Attribution sucht auf einer der namensgebenden technischen Ebene nach entsprechenden Indizien bezüglich der Täter (Saalbach 2019:298). Mittels der IT-Forensik wird so versucht entsprechende Angriffsmuster (TTPs) zu identifizieren. In Verbindung gebracht mit vergangenen Vorfällen sollen auf diese Weise Hypothesen über den Angreifer beziehungsweise eine angreifende Gruppe gebildet werden (Benediek & Schulze 2021: 11). Dieser Attributionsschritt ist dabei aufgrund seiner hohen Komplexität durchaus problemanfällig: So ist die Qualität der technischen Attribution grundsätzlich von den Ressourcen und Fähigkeiten der Forensik abhängig. Umgekehrt ist es einem potenten Angreifer jedoch durchaus möglich mittels verschiedener technischer Methoden die Verantwortungszuweisung erheblich zu erschweren (Rid & Buchanan 2015: 32). Es ist daher auch nicht ausgeschlossen, dass es beispielsweise durch das Platzieren falscher Indizien („false flag") zu einer technischen Fehlattribution kommt (Benediek & Schulze 2021: 11). Vor allem aber sind auf Grundlage rein technischer Indizien keine strategischen oder politischen Motive eines Angreifers ableitbar. Im Rahmen der politischen Attribution werden daher neben dem Auswerten von technischen Indizien auch nicht-technische Analysen durchgeführt. Dies geschieht unter Einbezug des geopolitischen Kontextes, weshalb auch nachrichtendienstliche Informationen vermehrt miteinfließen (Rid & Buchanan 2015: 21). Ziel der politischen Attribution ist es die Organisation oder den Staat hinter den Angreifern zu identifizieren, nicht unbedingt das einzelne Individuum. Letztere jedoch können wichtige Hinweis auf den initiierenden Akteur geben (Rid & Buchanan 2015: 13). Auch dabei kann es zu Problemen kommen: So ist es unwahrscheinlich, dass die Attribution eines einzelnen Staates als neutral und verbindlich betrachtet wird (Legitimitätsproblem). Selbst wenn die Täter technisch identifiziert sind, liegt dadurch noch kein Beleg für staatliche Weisung oder Kooperation vor (Kuerbis et al. 2022: 220f). Die Unsicherheit nimmt daher beim Übergang von der technischen zur politischen Attribution weiter zu – Annahmen und Urteile spielen eine immer wichtigere Rolle (Rid & Buchanan 2015: 11).

Möglich ist auch, dass eine Attribution gänzlich ausbleibt, wenn diese politisch wenig opportun erscheint, beispielsweise während einer politischen Krise (Benediek & Schulze 2021: 12). Nicht immer ist die politische Zuordnung dabei von einer rechtlichen Attribution klar trennbar (Benediek & Schulze 2021: 11). Die rechtliche Attribution meint eine strafrechtliche Verantwortungszuweisung auf Grundlage der zuvor erbrachten Beweise (Saalbach 2019: 298). Diese Zuordnung ist notwendig, wenn rechtmäßige politische Reaktionen erfolgen sollen (Benediek & Schulze 2021: 12). Vor allem auch im Rahmen dieser Zuordnung stellt sich die Frage nach der Qualität der Attribution. Die Attributionsfähigkeit hängt dabei unter anderem von den IT-forensischen und nachrichtendienstlichen Fähigkeiten der Akteure ab. Grundsätzlich gilt hier: Je mehr Zeit und analytische Fähigkeiten zur Verfügung stehen, desto größer ist in der Regel die Gewissheit der Attribution (Benediek & Schulze 2021: 8ff). Letztlich benötigen politische Entscheider als „attribuierende Akteure" möglichst vollständige Informationen. Andernfalls besteht eine erhöhte Wahrscheinlichkeit für Fehlattributionen, die teils schwerwiegende Konsequenzen haben können. Eine fehlgeleitete Attribution kann eine Eskalation zwischen attribuierendem Staat und fälschicherweise beschuldigtem Staat zur Folge haben, während der eigentliche Angreifer ungehindert weitermachen kann (Harnisch & Zettl 2020: 101f). Die Attribution eines Angriffs stellt daher stets eine Abwägungssache dar, die immer auch im Kontext der internationalen Beziehungen und der vorhandenen Mächtedynamik betrachtet werden muss (Benediek & Schulze 2021: 12). Aufgrund dieser Komplexität ist die Attribution eines Angriffs nicht ohne weiteres möglich.

2.4. Kollektive Attribution

Auf der Grundlage dieses Verständnisses von Attribution sowie der Bedeutung des Begriffs „kollektiv", kann kollektive Attribution als der Prozess einer gemeinsamen beziehungsweise koordinierten Verantwortungszuweisung mehrerer Akteure an einen verantwortlichen Akteur eines Cyberangriffes verstanden werden (Kuerbis et al. 2022: 229). Ein solcher kollektiver Akt kann verschiedene Formen annehmen. So ist es einerseits möglich, dass ein Staat attribuiert und sich weitere Staaten anschließen. In der Regel handelt es sich hierbei um verbündete Staaten oder Staaten, die selbst vom Angriff betroffen waren. Andererseits ist es auch möglich, dass ein Staat attribuiert, während sich ein anderer Staat das Recht vorbehält, selbst Untersuchungen anzustellen, um erst dann zu attribuieren (ebd.).

Auch eine gemeinsame Attribution zweier oder mehrerer Staaten, die auf Grundlage gemeinsamer Erkenntnisse fußt, bildet ein Beispiel für kollektive Attribution. Wirksamkeit und Kommunikation hängen dabei stets davon ab, in welchem Umfang öffentliche und private Akteure an dem kollektiven Akt beteiligt werden und wie groß deren Bereitschaft ist, ihre Informationen untereinander zu teilen (Mueller et al. 2019: 116). Dies ist auf die Erkenntnis zurückzuführen, dass die zur Verfügung stehenden analytischen Fähigkeiten erheblichen Einfluss auf die Qualität der Attribution haben (Benediek & Schulze 2021: 11). Dies gilt nicht nur für die Fähigkeiten der IT-Forensik einzelner Staaten, auch die größere Anzahl geheimdienstlicher Quellen kann die Qualität und somit letztlich die Glaubwürdigkeit der Attribution erhöhen (Rid & Buchanan 2015: 12). Eine öffentliche Attribution im Verbund kann zudem die Legitimität einer Verurteilung vor der internationalen Öffentlichkeit erhöhen (Benediek & Schulze 2021: 11f). Es ist jedoch nicht außer Acht zu lassen, dass die Notwendigkeit des Teilens von Informationen sowie die daraus ermöglichten Rückschlüsse auf die IT-forensischen und nachrichtendienstlichen Fähigkeiten eines Staats, für Zurückhaltung bei einzelnen Akteuren sorgen kann. Auch deshalb ziehen es selbst in einer Wertegemeinschaft wie der Europäischen Union einzelne Staaten vor, autonom für sich selbst zu attribuieren (Benediek & Schulze 2021: 9).

3. Theoretisches Argument

Auf der Grundlage dieses theoretischen Hintergrunds wird argumentiert, dass ein Zusammenhang zwischen dem Auftreten von Cyberangriffen (UV), damit verbundener technischer Attributionsprobleme (IV) und dem Einsatz kollektiver Attribution (AV) als Mittel der Kompensation dieser Probleme besteht. Wie soeben dargestellt lässt sich ein Cyberangriff nicht immer technisch zweifelsfrei attribuieren. Zeitgleich gilt jedoch auch: Je mehr Zeit und analytische Fähigkeiten zur Verfügung stehen, desto größer ist in der Regel die Gewissheit der Attribution (Benediek & Schulze 2021: 8ff). Zudem kann die Legitimität einer öffentlichen Attribution durch eine Verurteilung im Verbund zunehmen (Benediek & Schulze 2021: 11f). Deshalb, so das Argument, gelingt es attribuierenden Staaten durch ihr kollektives Vorgehen gängige Attributionsprobleme zu kompensieren und so die Qualität und Legitimität der Attribution zu erhöhen.

Dieser Zusammenhang sollte vor allem dann auftreten, wenn der technische Attributionsprozess der kollektiv attribuierenden Staaten gemeinsam ausgestaltet wird, sprich wenn die analytischen Fähigkeiten der Akteure gebündelt werden, um anschließend koordiniert öffentlich zu attribuieren. Davon abzugrenzen ist der Fall, in dem ein Staat attribuiert und weitere Staaten sich ohne eigene Prüfung dieser Attribution anschließen. In diesem Fall wäre lediglich die erhöhte Legitimität durch eine gemeinsame Verurteilung gegeben. Begünstigt wird die kollektive Attribution einerseits von der Intensität des Angriffs (KV): Je größer der Schaden durch einen Angriff ist, desto größer die Sichtbarkeit und in der Folge auch der öffentliche Handlungsdruck in den geschädigten Staaten (Benediek & Schulze 2021: 8). Andererseits spielt auch die Freund-Feind-Beziehung (KV) zwischen den attribuierenden Staaten eine wichtige Rolle: Die Bereitschaft, sensitive Informationen untereinander zu teilen, ist an ein Vertrauen geknüpft, dass vor allem in einer Kultur der Freundschaft zwischen den Akteuren herrscht (Saalbach 2019: 295). Diese beiden konditionierenden Variablen bilden den Kontext für den zuvor formulierten Zusammenhang.

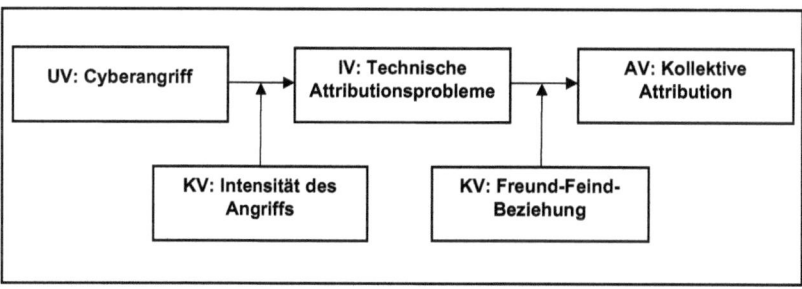

Abbildung 1: Kausalmechanismus des Zusammenhangs zwischen Cyberangriffen und kollektiver Attribution (Quelle: eigene Darstellung).

4. Forschungsdesign

In dem folgenden Abschnitt wird die Methode vorgestellt, mittels der die Analyse des soeben dargestellten Mechanismus durchgeführt werden soll. Hierzu soll die Prozessanalyse als gewählte Methode kurz erläutert und eine entsprechende Fallauswahl begründet werden.

4.1 Methode

Um den Zusammenhang zwischen dem Auftreten von technischen Attributionsproblemen (IV) in Folge von Cyberangriffen (UV) mit hoher Intensität (KV) und der kollektiven Attribution (AV) beziehungsweise den dahinterliegenden Kausalmechanismus zu untersuchen, wird eine theorietestenden Prozessanalyse durchgeführt. Hierzu werden den Gliedern des Kausalpfads entsprechende Attribute zugewiesen, die einer Logik der Beeinflussung folgen. Der Kausalmechanismus wird dabei lediglich oberflächlich mechanisch konzeptualisiert. Es handelt sich somit um ein minimalistisches Verständnis, bei dem der Mechanismus nur approximativ betrachtet wird (Beach und Pedersen 2019). Für die Anwendung und die Analysierbarkeit des Kausalmechanismus ist zudem eine gewisse Kontextabhängigkeit zu unterstreichen. Dies sorgt zwar für eine geringere externe Validität, da die Übertragbarkeit der Fälle stark von diesem vordefinierten Kontext abhängt, eine starke Evidenz mit hoher interner Validität ist dennoch möglich. Als spezielle Kontextfaktoren, auch *scope condition* genannt, werden daher im Folgenden die konditionierenden Variablen „Intensität des Angriffs" sowie die „Freund-Feind-Beziehung" zwischen den Akteuren betrachtet (Beach und Pedersen 2019: 78).

4.2 Fallauswahl

Um einen geeigneten Fall für eine theorietestende Prozessanalyse auszuwählen, verweisen Beach und Pedersen (2019) auf eine *most-likely* Logik. Ein *typischer Fall* eignet sich demnach besonders, denn bei einem typischen Fall ist a priori festzustellen, dass der theoretisierte Kausalmechanismus im analysierten Fall auch stattgefunden hat. Konkret bedeutet dies, dass eine gewisse Ausprägung der unabhängigen beziehungsweise der abhängigen Variable vorliegt (ebd.). So muss es sich bei dem Angriff um einen Cyberangriff (UV) handeln, der einen Akt kollektiver Attribution (AV) zur Folge hat. Im Sinne der Kontextfaktors muss der Angriff zudem besonders intensiv beziehungsweise umfangreich gewesen sein.

Für die Prozessanalyse wird daher der Fall der Wiper-Malware NotPetya aus dem Jahr 2017 ausgewählt. Von der Attacke waren weltweit rund 49.000 Rechner betroffen, deren Festplatte von der Ransomware verschlüsselt wurden (Benediek & Schulze 2021: 26f).

Mit einem Schaden von rund 10 Milliarden US-Dollar, gilt der Angriff als einer der wohl teuersten Cyberattacken in der Geschichte (Greenberg 2018b). Die Intensität des Vorfalls ist somit als hoch zu bewerten. Im Februar 2018 wurde der Angriff von den Five Eyes, der geheimdienstlichen Allianz der USA, Großbritanniens, Kanadas, Australiens und Neuseelands, öffentlich politisch im Kollektiv attribuiert. Dabei wurde der Angriff der russischen Regierung zugerechnet (Bussoletti 2018). Weitere westliche Demokratien wie Dänemark, Norwegen, Litauen und Estland schlossen sich dieser Attribution an (Ivan 2019: 5). Die Attribution der Five Eyes an Russland verfügte dementsprechend über einen breiten Rückhalt unter weiteren verbündeten Staaten.

Die notwendigen Ausprägungen der unabhängigen und abhängigen Variable sind somit als gegeben zu betrachten. Auch die konditionierenden Variablen als Kontextvariablen (eine hohe Intensität sowie ein koordiniertes Handeln unter befreundeten Staaten) sind im vorliegenden Fall entsprechend ausgeprägt. Der Fall NotPetya von 2017 kann somit folglich als typischer Fall qualifiziert werden.

5. Empirische Analyse

Im nun folgenden Teil wird der zuvor formulierte Kausalmechanismus analysiert. Zunächst wird dazu der Kausalpfad operationalisiert. Dazu wird dem Kausalglied entsprechende empirische Implikationen zugewiesen. In einem zweiten Schritt folgt die eigentliche Überprüfung des Mechanismus durch die Sichtung empirischer Belege. Abschließend werden die Ergebnisse zusammengefasst.

5.1 Operationalisierung des Kausalmechanismus

Ein *Cyberangriff* (UV) lässt sich gemäß der Definition von Petersen (2020: 27) durch zwei wesentliche Attribute operationalisieren: die *Nutzung von Computernetzwerken* (UV_1) als Medium sowie das *Verursachen von physischem oder digitalem Schaden* (UV_2). Ein Akt *kollektiver Attribution* (AV) als koordinierte Zusammenarbeit zwischen Akteuren und anschließender öffentlicher Attribution wird seinerseits durch drei Attribute operationalisiert: die *Attribution an einen konkreten Akteur* (AV_1), das *Bündeln analytischer Fähigkeiten* (AV_2) der Akteure im Attributionsprozess und die *öffentliche Attribution im Verbund* (AV_3). Der zentrale Schritt im Kausalmechanismus stellt das Auftreten *technischer Attributionsprobleme* (IV) dar.

Dieser Schritt wird über drei empirische Implikationen beobachtbar: eine *unbekannte Herkunft* (IV₁) des Angriffs, eine *uneindeutige technische Zuordnung* (IV₂) aufgrund technischer Verschleierungstaktiken und dementsprechend ein *geringer Detailgrad* (IV₂) der technischen Attribution.

5.2 Analyse des Kausalmechanismus

Als erster Schritt der Analyse gilt es zunächst festzustellen, inwiefern der vorliegende Fall die zuvor definierten Attribute eines Cyberangriffs erfüllt. Dafür wird zunächst das Attribut *Nutzung von Computernetzwerken* (UV₁) als Verbreitungsmethode herangezogen. Hierfür ist der Ablauf des Angriffs genauer zu beleuchten. Im Falle der Malware NotPetyas nutzten die Angreifer den Update-Mechanismus einer weit verbreiteten ukrainischen Steuerverwaltungssoftware, um ins Netz verschiedener Nutzer der Software zu gelangen. Mittels verschiedener Methoden breitete sich die Schadsoftware selbständig innerhalb dieses Netzes sowie auf weitere Unternehmen aus und befiel so weltweit rund 49.000 Systeme in über 65 Ländern (Schmidt 2017; Benediek & Schulze 2021: 26f). Der Umfang des Angriffs konnte nur mittels der Nutzung der global vernetzten digitalen Strukturen solche Ausmaße erreichen. Das zweite Attribut bezieht sich auf das *Verursachen von physischem oder digitalem Schaden* (UV₂). Mit Blick auf die Folgen des Angriffs ist dabei festzustellen, dass NotPetya zu den kostspieligsten und destruktivsten Angriffen in der Geschichte zählt (Benediek & Schulze 2021: 8). Die Schadsoftware verschlüsselt bei der Infektion eines Geräts die Festplatte und machte somit sämtliche Daten darauf unzugänglich. Das Weiße Haus bezifferte in der Folge den Gesamtschaden des Angriffs auf rund 10 Milliarden US-Dollar. Zahlreiche global agierende Unternehmen, aber vor allem auch Einrichtungen in der Ukraine, wie die ukrainische Zentralbank oder der Flughafen Kiew waren von der Verschlüsselung ihrer Festplatten betroffen. Der Normalbetrieb musste in vielen Fällen ausgesetzt werden (Jansen & Armbruster 2017). Die Ausprägungen der Attribute sprechen daher ein eindeutiges Bild: NotPetya stellt einen Cyberangriff qua Definition dar. Der Umfang des Cyberangriffs belegt zudem die zuvor definierte Kontextvariable „Intensität des Angriffs". Wie bei der Fallauswahl angeschnitten, handelt es sich um einen Angriff mit hoher Intensität. Daraus folgt auch eine hohe Sichtbarkeit aufgrund des Umfangs. Es geht also auch ein erhöhter Handlungsdruck mit dieser Kontextvariable einher (Benediek & Schulze 2021: 27).

Der erste Schritt des Kausalmechanismus, namentlich *technische Attributionsprobleme* (IV), wurde zuvor durch drei Implikationen operationalisiert. Zunächst wird die Implikation einer *unbekannten Herkunft* (IV_1) betrachtet. Wie im Theorie-Teil erläutert, gibt es verschiedene Methoden, um die Herkunft eines Cyberangriffs zu verschleiern. Die Folge ist, dass die Quelle des Cyberangriffs beziehungsweise seine IP-Adresse als Möglichkeit der Identifizierung nicht ohne weiteres ermittelbar ist (Harnisch & Zettl 2020: 100). Auch im Falle NotPeyas war eine unmittelbare Verortung der Herkunft nicht ohne weiteres möglich. Aus Sicht der Opfer wurde das betroffene Gerät durch die Verschlüsselung der Festplatte unbrauchbar. Zeitgleich verwies ein eingeblendeter Hinweis auf die Zahlung von 300 US-Dollar in Bitcoin und an eine Kontaktadresse bei dem Berliner Provider Posteo (Thomson 2017). Eine unmittelbare technische Zuordnung war, wie in den meisten Fällen von Angriffen, die sich die Struktur des Cyberraums zu Nutze machen, nicht möglich. Auch mit Blick auf die zweite Implikation, eine *uneindeutige technische Zuordnung* (IV_2), bestätigt sich diese Perspektive. Während zu Beginn zahlreiche Sicherheitsexperten den Angriff für den erpresserischen Versuch krimineller Einzeltäter hielten, wandte sich das Blatt zugunsten einer anderen These. Mehr und mehr wurde über eine „state-sponsored" Aktion spekuliert, die als ein „Spillover" des russischen Cyberkriegs gegenüber der Ukraine zu bewerten war. Man ging davon aus, dass es bei den Erpressungsversuchen um eine gezielte Verschleierung der wahren Absichten des Angriffs gehandelt habe. Tatsächlich sprach vieles dafür, dass die Wiper-Funktion, sprich das gezielte Vernichten der Daten, der eigentliche Zweck der Schadsoftware gewesen sei, um so maximale Disruption herbeizuführen (Greenberg 2017). Eine konkrete technische Attribution war dennoch nicht möglich. Zwar fanden vor allem privat-wirtschaftliche Akteure wie die Sicherheitsfirmen ISSP und ESET Indizien für eine Verbindung von NotPetya zu russischen Gruppen wie Sandworm oder Telebots. Auch machten sie ihre Thesen öffentlich. Man lehnte es im Falle von ISSP jedoch ab, weitergehende Beweise zu veröffentlichen. Es ist insofern fraglich, inwiefern eine eindeutige technische Zuordnung möglich war. Dieser Umstand ist auch in Bezug auf den dritten Indikator, der *geringe Detailgrad* (IV_2), von Interesse. Das Zögern ISSP bei der Veröffentlichung von Beweisen passt in ein Muster, das auch bei staatlichen Stellen zu finden ist. So nahm das BKA in Deutschland bereits 2017 seine Ermittlungen auf.

Jedoch wurde nie eine Anklage oder ein Haftbefehl erhoben – ein Indiz dafür, dass keine technischen Belege für einen hinreichenden oder dringenden Tatverdacht ermittelt werden konnten (Benediek & Schulze 2021: 28). Auch der US-Auslandsgeheimdienst CIA hielt sich mit technischen Belegen für eine russische Verantwortlichkeit zurück. Zwar sprach man im Januar 2018 von einer „hohen Gewissheit", dass das russische Militär dahintersteckte, doch es wurden weder konkrete Beweise geliefert noch der Inhalt des geheimen Berichts seitens der CIA kommentiert (Nakashima 2018). Dieser geringe Detailgrad, der bis dato zurückhaltenden technischen Attribution der Attacke, lässt auf gewisse Schwierigkeiten im technischen Attributionsprozess schließen.

Zusammengefasst deuten alle drei hier untersuchten Indikatoren auf technische Attributionsprobleme hin. Grundsätzlich ist jedoch festzustellen, dass der technische Attributionsprozess im Fall Not Petya nur schwer rekapitulierbar ist (Benediek & Schulze 2021: 28). Hinzukommen weitere Einschränkungen, wie im Fall des dritten Indikators, dem *geringen Detailgrad* (IV_2). So kann eine Zurückhaltung der Akteure bei der Veröffentlichung von Erkenntnissen vielerlei Gründe haben. Die Furcht vor einer Eskalation in Folge einer Fehlattribution (Harnisch & Zettl 2020: 101) und das Offenlegen der eigenen IT-forensischen Fähigkeiten (Saalbach 2019: 295) sind nur zwei mögliche Erklärungen für Zurückhaltung. Insofern kann für die intervenierende Variable *technische Attributionsprobleme* nur von einer eingeschränkten Evidenz gesprochen werden.

Abschließend ist festzustellen, in welcher Form im Falle von NotPetya kollektiv attribuiert wurde. Der erste Indikator, die *Attribution an einen konkreten Akteur* (AV_1), liefert dabei ein eindeutiges Bild. Wie bereits zuvor beschrieben, geriet im Attributionsprozess Russland nach anfänglichen Zweifeln über die Intention hinter der Attacke immer mehr in den Fokus. Sowohl seitens nicht-staatlicher als auch staatlicher Akteure herrschte ein breiter Konsens in Fragen der russischen Verantwortlichkeit (Bussoletti 2018; US Department of Justice 2020). Der Angriff wurde also gut ein halbes Jahr nach dem Vorfall eindeutig einem Akteur zugeschrieben. Der zweite Indikator rückt das *Bündeln analytischer Fähigkeiten* (AV_2) in den Mittelpunkt. Hierbei ist zunächst grundsätzlich zu erwähnen, dass eine Kooperation unter Geheimdiensten auch abseits von Cyberangriffen gängig ist. Sie ist nicht nur gängig, sondern auch grundsätzlich notwendig, da selbst die größten Dienste nur über begrenzte personelle, technologische und finanzielle Kapazitäten verfügen (Saalbach 2019: 295). So unterhalten die USA mutmaßlich eine geheimdienstliche Kooperation mit vier weiteren Staaten, den sogenannten Five-Eyes. Hierzu zählen mehrere Dienste aus Großbritannien, Kanada, Australien und Neuseeland (Saalbach 2019: 295). Saalbach (2020: 309) kommt in dem Zuge gar zu dem Schluss, dass „die Zusammenarbeit zwischen Organisationen durch die Kombination von Ressourcen, Erfahrung und Wissen [...] ein Schlüsselelement für den Erfolg bei der Attribution von Cyberangriffen" ist. Und so finden sich gleich mehrere Belege dafür, dass eine Kooperation auch im technischen und politischen Attributionsprozess von NotPetya stattgefunden hat. Auch bei beinahe allen öffentlichen Attributionen der staatlichen Akteure aus den Five-Eyes-Staaten Verweise auf den Einsatz koordinierter Zusammenarbeit mit verbündeten Staaten. Die australische Regierung verweist in ihrem Attributionsstatement gar konkret auf den Austausch mit den USA und Großbritannien im Rahmen der Attribution (Bussoletti 2018). Diese Evidenz weist somit auf eine Form von Koordination hin, die einem *Bündeln analytischer Fähigkeiten* (AV2) sehr nahekommt. Als dritter Indikator ist nun noch die *öffentliche Attribution im Verbund* (AV3) zu betrachten. Hierfür spielen unter anderem die zeitliche Abfolge und Formulierung der veröffentlichten Attributionen der Staaten eine Rolle. Demnach veröffentlichten zunächst die USA, der britische Außenminister, Kanada und Dänemark am 15. Februar 2018 ein Statement das NotPetya Russland attribuierte (Bussoletti 2018). In der Nacht zum 16. Februar 2018 folgten auch die Statements der britischen und der australischen Regierung, die ebenfalls Russland in der Verantwortung sahen. Dabei zeigt ein Vergleich, dass die Statements der britischen und der australischen Regierung auffallend ähnliche Formulierungen verwendeten (Shaikh 2018). Zeitgleich attribuierte auch Neuseeland den Angriff (Bussoletti 2018). Weitere westliche Staaten wie Lettland, Schweden und Finnland unterstützten die Attribution (Ivan 2019). Die Attribution im Fall NotPetya wurde auf diesem Wege zur international am breitesten gestützten Verantwortungszuweisung bis dahin (Benediek & Schulze 2021: 28).

Zusammengefasst ist festzustellen, dass die Indikatoren das Vorliegen einer kollektiven Attribution untermauern. Mangels Transparenz können jedoch einzig unter Verweis auf das zeitliche Vorgehen und sprachliche Ausgestaltung der Statements Belege gesammelt werden.

Das Ausbleiben einer vorherigen Absprache unter den attribuierenden Akteuren kann daher nicht ausgeschlossen werden.

5.3 Schlussfolgerungen

Für die Überprüfung des Kausalmechanismus lässt sich zusammenfassend sagen, dass es im Rahmen der Analyse möglich war, für sämtliche Teile des Kausalpfades unter gewissen Einschränkungen entsprechende Belege zu finden. So stellt NotPetya ein passendes Beispiel dar, um das zuvor formulierte theoretische Argument anhand eines konkreten Falls zu verdeutlichen. NotPetya war ohne Zweifel ein Cyberangriff (UV) von hoher Intensität (KV), der von mehreren verbündeten Staaten (KV) kollektiv attribuiert wurde (AV), um so mutmaßlich technische Attributionsprobleme (IV) zu kompensieren. Dabei waren diese Attributionsprobleme der wesentliche Auslöser für das kollektive Handeln im vorliegenden Fall. Einerseits fehlten die entscheidenden Beweise für die notwendige Gewissheit hinter der Attribution, andererseits war der Handlungsdruck angesichts der hohen Intensität und Öffentlichkeit des Angriffs groß. So bewertet auch der Autor Thomas Rid das „Ausbleiben einer angemessenen Reaktion [...] geradezu [als] eine Einladung zu einer weiteren Eskalation" (Rid in Greenberg 2018a). Auch Saalbach (2020: 299) erkennt eine „kritische Balance" zwischen „zu lange warten" und „zu schnell reagieren". Das hier formulierte theoretische Argument legt daher nun nahe, dass in Anbetracht dieser „kritischen Balance" und der problematischen technischen Attribution Staaten dazu neigen kollektiv zu attribuieren. Denn auf diese Weise kann einerseits die Legitimität der Attribution gestärkt werden und durch eine Bündelung der Fähigkeiten längerfristig auch ihre Qualität.

6. Fazit

Ziel dieser Arbeit war es einen Mechanismus zu identifizieren, der die kollektive Attribution in Folge von Cyberangriffen erklären kann. Hierzu wurde nach einem Einblick in die bereits veröffentlichte Forschung zum Thema Attribution die These formuliert, dass es vor allem technische Attributionsprobleme sind, die befreundete Staaten dazu treiben, Informationen untereinander zu teilen und anschließend gemeinsam zu attribuieren.

Die eingehende Forschungsfrage dieser Arbeit wurde dementsprechend wie folgt formuliert: Inwiefern sind Akte kollektiver Attribution befreundeter Staaten als Reaktion in der Folge schwere Angriffe im Cyberraum, wie im Falle von NotPetya, auf das Auftreten technischer Attributionsprobleme zurückzuführen? In Rückbezug auf diese Fragestellung konnten entsprechende Belege dafür geliefert werden, dass es im Falle NotPetyas technische Attributionsprobleme waren, die als treibende Kraft im Attributionsprozess fungierten. Zumindest für den Fall NotPetyas konnte daher der Einfluss technischer Attributionsprobleme verdeutlicht werden. Dies wurde insofern eingeschränkt, als dass der formulierte Kausalmechanismus stark kontextabhängig ist: Nur wenn die Attacke von hoher Intensität begleitet wird, attribuieren Staaten gemeinsam, die sich auch abseits von dieser Attacke als Verbündete im Sinne einer Kultur der Freundschaft betrachten.

Darüber hinaus ist festzustellen: Angesichts der hier gewählten Methode der Prozessanalyse ist die Allgemeingültigkeit des Arguments erheblich eingeschränkt. Nicht nur muss der notwendige Kontext gegeben sein, viel mehr wurde der Zusammenhang zwischen Cyberangriffen, technischen Attributionsproblemen und kollektiver Attribution einzig an einem Beispiel qualitativ untersucht. Die hier vorliegende Arbeit kann somit lediglich einen ersten Hinweis beziehungsweise einen theoretischen Impuls für diesen Zusammenhang geben. Eine quantitative Analyse, die den Zusammenhang für eine große Fallzahl in den Mittelpunkt rückt und so eine Verallgemeinerung der Aussage erlaubt, muss mit entsprechendem Datenmaterial untermauert werden. Für ein solches Forschungsvorhaben könnte sich der in absehbarer Zeit erscheinende Datensatz „Heidelberg Cyber Conflict Dataset Version 2.0" eignen.

Sollte sich der Zusammenhang sodann auch quantitativ untermauern lassen, so stellt sich die Frage, inwiefern dieses Phänomen ein erster Schritt hin zu einer koordinierten institutionalisierten Attribution sein kann. Schließlich setzt die Etablierung einer zuständigen Institution, die Erkenntnis über die Notwendigkeit der Zusammenarbeit sowie eine Akzeptanz der damit verbundenen Normen voraus. Für die Ausgestaltung einer solchen Institution liefert die Arbeit von Mueller et al. (2019: 115f) einen umfangreichen Perspektiven. Frei von Problemen sind jedoch auch die darin vorgestellten Perspektiven nicht. Der Autor dieser Arbeit erachtet die Etablierung einer solchen Institution dennoch als wünschenswert.

7. Literaturverzeichnis

7.1 Primärliteratur

Bussoletti, F. (2018): All Five Eyes countries have blamed Russia for the NotPetya cyber attack. In: Difesa & Sicurezza. Online unter: https://www.difesaesicurezza. com/en/cyber-en/all-five-eyes-countries-have-blamed-russia-for-the-notpetya-cyber-attack/ (aufgerufen am 19.09.2022).

Greenberg, A. (2017): Petya Ransomware Epidemic May Be Spillover From Cyberwar. In: Wired. Online unter: https://www.wired.com/story/petya-ransomware-ukraine/ (aufgerufen am 20.09.2022).

Greenberg, A. (2018a): The White House Blames Russia for NotPetya, the 'Most Costly Cyberattack In History'. In: Wired. Online unter: https://www.wired.com/ story/white-house-russia-notpetya-attribution/ (aufgerufen am 20.09.2022).

Greenberg, A. (2018b): The Untold Story of NotPetya, the Most Devastating Cyberattack in History. In: Wired. Online unter: https://www.wired.com/ story/notpetya-cyberattack-ukraine-russia-code-crashed-the-world/ (aufgerufen am 20.09.2022).

Jansen, J. & Armbruster, A. (2017): Hacker legen Zentralbank und Flughafen in Kiew lahm. In: Frankfurter Allgemeine Zeitung. Online unter: https://www.faz.net/aktuell/wirtschaft/ransomware-attacke-legt-viele-unternehmen-lahm-15079944.html (aufgerufen am 19.09.2022).

Nakashima, E. (2018): Russian military was behind 'NotPetya' cyberattack in Ukraine, CIA concludes. In: Washington Post. Online unter: https://www. washingtonpost. com/world/ national-security/ russian-military-was-behind-notpetya-cyberattack-in-ukraine-cia-concludes/2018/01/12/048d8506-f7ca-11e7-b34a-b85626af34ef_story.html (aufgerufen am 20.09.2022).

Schmidt, J. (2017): Petya/NotPetya: Kein Erpressungstrojaner, sondern ein "Wiper". In: heise.de. Online unter: https://www.heise.de/security/meldung/Petya-NotPetya-Kein-Erpressungstrojaner-sondern-ein-Wiper-3759293.html (aufgerufen am 19.09.2022).

Shaikh, R. (2018): US, UK, Australia Warn Russia of "International Consequences" – NotPetya Outbreak Attributed to the Kremlin. In. Wccftech. Online unter:

https://wccftech.com/australia-us-uk-russia-notpetya/ (aufgerufen am 19.09.2022).

Thomson. I. (2017): Everything you need to know about the Petya, er, NotPetya nasty trashing PCs worldwide. In: The Register. Online unter: https://www. theregister.com/2017/06/28/petya_notpetya_ransomware/ (aufgerufen am 19.09.2022).

US-Department of Justice (2020): Six Russian GRU Officers Charged in Connection with Worldwide Deployment of Destructive Malware and Other Disruptive Actions in Cyberspace. Online unter: https://www.justice.gov/opa/pr/six-russian-gru-officers-charged-connection-worldwide-deployment-destructive-malware-and (aufgerufen am 19.09.2022).

7.2 Sekundärliteratur

Beach, D., & Pedersen, R. B. (2019). Process-tracing methods: foundations and guidelines (2. Aufl.). Ann Arbor: University of Michigan Press.

Bendiek, A.& Schulze, M. (2021). Attribution als Herausforderung für EU-Cybersanktionen. Eine Analyse von WannaCry, NotPetya, Cloud Hopper, Bundestag-Hack, OVCW. In: SWP. DOI: 10.18449/2021S17v02.

Harnisch, S., & Zettl, K. (2020). Blame Game im Cyberspace: Informationstechnik als Waffe? Ruperto Carola, 16 (S. 96-105). http://doi.org/10.17885/heiup.ruca. 2020.16.24194.

Ivan, P. (2019): Responding to Cyberattacks: Prospects for the EU Cyber Diplomacy Toolbox, Brüssel: European Policy Centre.

Kuerbis, B., Badiei, F., Grindal, K., & Mueller, M. (2022). Understanding transnational cyber attribution. Cyber Security Politics, 220.

Mueller, M., Grindal, K., Kuerbis, B., & Badiei, F. (2019). Cyber attribution. The Cyber Defense Review, 4(1). S. 107-122.

Petersen, L. A. (2020). Cyberangriffe–Definition, Regulierung, Pönalisierung. In: goettinger-rechtszeitschrift. Online unter: https://www.goettinger-rechtszeitschrift.de/wp-content/uploads/2020/12/GRZ_20-1_Petersen-Cyberangriffe.pdf, (aufgerufen am 11.09.2022)

Rid, T. & Buchanan, B. (2015). Attributing Cyber Attacks. The Journal of Strategic Studies 38 (1–2). S. 4-37.

Saalbach, K. (2019). Attribution of Cyber Attacks. In: Information Technology for Peace and Security: IT Applications and Infrastructures in Conflicts, Crises, War, and Peace. ed. Christian Reuter. Wiesbaden: Springer Fachmedien.

Singer, P. W., & Friedman, A. (2016). Cybersecurity and Cyberwar. [Erscheinungsort nicht ermittelbar]: Tantor Media, Inc.